창조문학대표시인선 · 238

守靜詩抄

이병용 시집

창조문학사

□ 시인의 말

문학적 회의(懷疑)의 탐문

이 시집의 시작(詩作)은 전남 담양의 '글 낳는 집'과 경기도 이천의 '부악문원'에서 이루어졌다. 창작실의 특성상 여러 장르 작가들과의 다양한 만남을 숨길 수 없다. 이들 작가들과 근접하여 생활하다보니 문득 이 숨막히는(?) 시대의 예술가들이 자기만의 세계에 가두어진 환상을 품고 있는 것이 아닐까 하는 강한 의문이 들었다. 물론 예술은 가상의 미를 추구하는 것이다. 그러나 일단 작품이 완성(발표) 되고 나면 타자와의 소통(영향)을 염두에 두지 않을 수 없다. 그래서인지 과거에는 자서(自書)의 서문에 '오염'을 우려하는 경계의 글을 남긴 경우를 더러 접할 수 있었다. 하지만 작금에는 오히려 자기만의 지식(믿음)을 확신하고 주입하려는 경향이 농후해졌다. 따라서 우리는 아마도 자기(自己)에 관한 새로운 방법적 회의(懷疑)가 필요할지 모르겠다.

나는 나이가 들면서 점차 말을 줄이고 있다. 다시 말해 '말을 내뱉기'보다는 '말을 삼켜야 한다'는 좌우명(座右銘)에 이르게 된 것이다. 백세시대에 인간의 지식은 그 어느 때보다 축적되어 있지만, 대중매체의 영향으로 기실은 너무나 천박하고 참지혜마저 실종한 느낌이 들게 한다. 그리하여 어느 자리에 가든 동어반복적이고 상식적인 대화만이 지루하게 범람하고 있어 삶의 궁극적

진실을 발견하기 어렵게 하고 있다. 뿐만 아니라 오늘날 말하는 입들은 지나치게 나대어서, 듣는 귀가 고사(苦思)를 면키 어렵다. 따라서 이제 나는 "더 이상 침을 뱉는 '시인'이 아니라 침을 삼키는 '선인'이 되어야 한다"라는 각오가 섰다. 다시 말해 백세시대의 지식은 선부르게 재단한 '짧은' 지식이 아닌 '긴' 삶을 새롭게 재구성할 수 있는 창조적 집단지성의 지식이 되어야만 하는 것이다. 더구나 내 차례까지 말이 돌아올 때까지의 묵언(黙言)은 가장 생산적인 수신의 시간이었으므로 나는 굳이 첨언(添言)의 사문(死文)을 버리려고 하는 것이다.

나는 문학(文學)의 실재(實在)가 언학(言學)이 아닌 문학(聞學)이 되어야 한다고 주창하는 것이다. 여기서 언학이란 자기 스스로 '말하는' 문학을 일컫는 말이다. 그런데 그 말이 '진정성'을 결여한 것이라면 절제와 정화의 과정이 필요할 것이다. 완성되지 않은 자아의 고백과 독백은 마땅히 '치유함'을 받아야 한다. 이와는 달리 문학(聞學)은 상호 충족적인 문학을 말한다고 할 수 있다. 여기서 상호(相互)란 굳이 타자와의 관계만 지칭하는 것이 아니다. 왜냐하면 자기의 완성(도야)을 위한 내면의 초청도 그리 나쁠 것 같지 않기 때문이다. 그것은 곧 문명이 아닌 자연의 본성을 있는 그대로 받아들이는 소명에서부터 출발할 수 있을 것이다. 그러므로 탈근대 문명의 문제를 해결하는 올바른 약방문(탐색)은 '엄밀함'의 문학(聞學)을 통하여 열어가야 한다. 그래야만 오늘의 문학이 고독한 '죽음'이 아닌 신생(新生)의 활기를 되찾아 상생하는 공동체에서 역동적으로 실존(實存)할 수 있을 것이다.

나는 모처럼 서울이 아닌 담양군과 이천시에서 문명 중심적 자아가 아닌 변방의 일부로서 민속(民俗)에 귀속되어 일 년의 절반을 생활하였다. 그리고 나 스스로 이제라도 자연으로 돌아가서 자유로울 수 있겠는가(?)하고 끊임없이 자문(自問)하여 보았다. 그 답은 시끄러운 속이 아니라 내면의 고요한 평정일 것이기에 그 내심낙원(內心樂園)의 과제를 나의 10번째 시집 『守靜詩抄』 안에 담아보았다. 이 시집이 나올 수 있게 거처를 마련해주신 김유성, 이문열 그리고 그 장소에서 마주볼 수 있었던 문우(文友)들께 특별한 감사의 말씀을 전하고 싶다.

- 2015년 8월 30일

잠실 여울목에서

祥雲 李炳龍

守靜詩抄
이병용 시집

| 차 례 |

제 4부 / **시인의 섬어**

제 5부 / 벼춤

제 6부 / **사막살이**

제 7부 / **수평선 너머**

守靜詩抄
이병용 시집

제1부
담양기행시초

정자에 누워

정자에 소자(小子)로 누워 하늘을 바라보니
흰 구름 세계지도 내 갈 곳 정해진다
방랑자
사지를 펴니
움쭉움쭉
힘
 솟
  는
   다

네 발로 딱 버틴 정자마(馬)에 올랐어도
사방이 탁 트여 광야에 전가(全家) 없다
나 홀로
땅 끝 찾지만
하늘구석
여
 지
  없
   다

달팽이시장

하루의 좌판에 푸성귀가 시득시득
장보는 발걸음 한나절 맴맴 도니
할머니
주름위에로
 민
달
 팽
  이
걸어간다

솔솔한 흥정으로 동전이 짤랑거리고
술판에 길어진 입담 시간을 좀먹는다
주머니
지폐 깝살려
 집
달
 팽
  이
달아난다

몽한각(夢漢閣)

이른 새벽 기차 타고 땅 끝 만큼 떠났기에
부모님 생시언(生時言)이 무시로 가칫댄다
몽한각
풍경에 뜨던
청운의 뜻
새
롭
다

동창이 밝아도 개안(開眼)이 미력이니
소년의 귀밑엔 흰머리 무성하다
귀거래
뿌리는 씨앗
다음 생에
거
둘
까
?

풍암정

눈을 뜨자 다가오는 저마다의 풍광들
골골마다 걸음 멎고 탄성이 숨 막는다
*산수*에
 맛닿는 순간
  花
   鳥
  風
 月
하나다

눈을 접자 떠오르는 감각의 잔상들
상상마다 장면추리다 동영상이 돌아간다
*몰입*에
 신들린 동안
  恨
   脈
  原
 流
캐낸다

무월(憮月)마을의 난생(卵生)신화

마을바라기 돌담돌이 알알이 부화하여
캄캄 하늘 총총 별로 깨알눈 떠 깜빡인다
알 깰 때
집 들썩해서
앉은 곳에

무
월
이

오빠별에 둘러싸인 하나 남은 막내달님이
한 달을 다 채워 은빛 파란 멈출 수 없다
보름달
가장 둥글어
구른 곳에

한
늘
님

죽녹원

이런 세상에, 대피리가 이 땅에 박혀 있다니!
저 높은 곳에서 잠시도 쉬지 않고 불고 있어서
 잎새를
        춤추게 하는
대통소리
        고
      적
 타

피리구멍 하나 없어 바람소리 그대론데
*산천(山川)*악공 청명하여 초목(*草木*)악기 떨어댄다
 숨구멍
        나 있었으면
외쳐댈 *말*
        무
       얼
  까
?

식영정

수백 년 된 적송이 용트림하며 비상해서
땡볕의 짙은 그늘 제자리걸음으로 내려앉는다
 그림자
사람 태워서
    龍
上   ***駐***
    留
      신
        비
          롭다

높푸른 나무 뚫고 햇살이 아른거린다
정자에 현판글씨 난장으로 흩어졌나?
 옛사람
그림자 쫓는
    걸
음   ***걸***
    이
      덩
        실
          댄다

소쇄원

높낮이, 좌우폭과 무관하게 등속(等速)이어서
막힘없이 흘러 낮추는 순한 물이 소리 없다

걸과 속
　다를 바 없는
　　깨
　　　끗
　　　함
　　　　이
　　　　　*통(通)*한다

월구(月球)가 산 둘러 제월당(霽月堂) 산책하고
바람이 햇살 실어 광풍각(光風閣) 드나드니

원림 속
　모나지 않은
　　자
　　　연
　　　경
　　　　계
　　　　　*월(越)*한다

물염정

삿갓봉우리에서 쉴 곳 찾아 눈어림으로 측량하니
발 아래 굽어드는 물길 따라 삼백리는 가야겠다
지팡이
가슴을 짚어
무
거
운
짐
내려놓는다

석벽에 비치는 것 마음의 투영이나
각가지 형상마다 햇살 들어 깨어진다
적송에
솔잎 붓터치
짙
을
수
록
여백 한량이다

메타세쿼이아 가로수길

영웅의 위풍당당한 눈높이를 따라가다가
낮은 길 벗어나서 하이랜드로 올라선다
붉은 해
보이지 않아
앞
만
보
고
달
린다

1년에 1미터 자라는 경주목(競走木)과 시합한다
백세시대 장수하면 거목(巨木)과 만나리라
초록 산
세월 흐르면
해
발
고
도
드
높겠다

법주사 진돌이

길 잘못 든 길손의 발길을 아즐아즐 쫓더니
한 번 맺은 소중한 인연 참벗으로 여겼는지
길잡이
자처하고서
하염없이
마중
한
다

돌아서는 시점마다 앞장서 길을 내어서
달래서 돌려보내는 석별의 정 그지없다
망부견
돌이 될까봐
다시 찾아
회포
풀
리
라

제2부
연리지

목백일홍

백일동안 뙤약볕에 달구어진 불덩어리
 풀무질 바람결에 열꽃들 흩어진다
   담금질
     눈에 아롱진
       새악시 볼
     붉
   었
다

뒤틀린 가지 사이로 뚫어보는 풍경들
 잎새들 그늘에는 간지럼이 와있다
   그림자
     색을 몰라서
       무심한 맘
     야
   속
타

뭐꼬

등빛 새는 유리창에 딱 달라붙은 야래자(夜來者)
꼭 이맘때면 기어 올라와 눈높이에 다다른다
 정수리
 씩은 땀 훔치며
큰 눈 뜨고
 살
  핀
   다

눈 맞자 멈춰 선 사지가 오므라들고
이목구비 들켜버려 박제 되어 굳었다
 아뿔싸
 개구리왕자
공주님을
 찾
  구
   나
    ?

별 그대

*별*별별별 상상으로 그려왔던 그대의 초상
하늘과 땅에 미소만이 범접하는 자태로
별꼬리
 실을 남기고
  미궁으로
   사
  라
 진
다

*점*점점점 잇기만 해도 당신만이 떠올라서
해와 달로 세시 바꿔 태허자리 훑어본다
어둠 속
 우리 사이에
  눈빛만이
   스
  치
 운
다

홰치는 기도

동녘에 갓밝이의 징조가 아직껏인데
목청껏 새벽을 재촉하는 수탉들
꼭이요~
아침을 밝혀
일
 하
 도
록
해주세요

만상이 깨어나 활기차게 움직이면
일상이 흐트러져 암탉이 요동한다
꼭이요~
아무 탈 없이
 귀
가
하
 게
 해주세요

상사화

내 생에 단 한번이라도 그대 잎과 맞닿을 수 있다면
햇살로 산산조각 나 바람처럼 부대낄까
　　　단풍에
　된서리 맞아
 작아진 입
삭
인
다

내 생에 단 한번이라도 그대 꽃과 맞닿을 수 있다면
꿀벌로 찾아다니며 감로수를 탐할까
　　　꽃당혜
　　닮아서 멈춘
 사랑앓이
곰
긴
다

연리지

억척세월 옆자리를 내어주던 이목(異木)이
자유롭던 몸통 붙어 한 하늘 우러른다
뿌리들
한 *영혼* 위해
얼키설키
뭉
친
다

사람은 그 자체로 온전치 아니하니
연인의 믿음과 소망과 사랑도 변한다
다리들
한 *목숨* 위해
고무신 바꿔
달
린
다

only you

단 하나의 불빛만으로도 모자람이 없는 오야(五夜)
흔들리지 않던 어둠도 태양에게 온 자리 내어준다
착화(着火)에
정조준 하는
영
혼
의
目
이글거린다

단 하나의 꽃송이만으로 부족함이 없는 계절
꽃 따는 열손가락의 떨림이 제각각일지라도
낙홍(落紅)에
핏빛 물드는
감
성
의
心
두근거린다

촉대의 사랑

한 몸체 이루기 위해 밑으로 섬기는 사랑
아래로 떨어지는 뜨거운 눈물 다 받아내며
미동에
무너져내릴까봐
목
석
연
히
버틴다

자신을 태워야 바로 서는 불꽃사랑
조그만 흔들림에도 그림자가 몰려온다
상친간
유지하려고
님
을
품
어
안는다

참깨? 들깨?

삼겹살에 깻잎 싸서 한 입 가득 깨물었더니
입속에 잎들이 향긋한 게 감미롭다
연인들
*들깨*더라도
즐
거
운
입
씹을까

비빔밥에 참기름 넣어 한 순갈 듬뿍 떠먹었더니
군침이 코로 넘어와 침물, 콧물 범벅이다
연적들
*깨*소금이라도
심
심
한
입
다실까

거미여인

밀당은 서로를 지키는 거래이다
멀어도 고독하고 가까워도 깨지는
경계는
거미줄처럼
불
가
침
의
덫이다

여인의 낯빛은 정곡(情曲)으로 가려진다
촌각의 여흥이 백년가약 석부(釋負)하나
사랑은
실을 뿜어서
엉
킨
타
래
고른다

제3부
숨은 그림 찾기

마른장마

하늘의 눈물이 돌부처처럼 말라버렸나
지열을 식히지 못한 소소한 바람 따라
　　먹구름
　뭉때리며
그림자로
떠
　돈
　　다

눈 다시 뜬 태양이 산 너머 노려보면
땅 위에 멈춰 선 물웅덩이 쪼들린다
　　물고기
　팔짝 멱질에
방울 튀어
마
　른
　　다

소낙비

먹구름 갈급함이 갈 곳 몰라 좌충우돌
굵어지는 빗줄기로 터진 물만 자유롭다
발 묶인
마른 감성도
설
곳
몰
라
맴돈다

번개가 세상을 촌각이라도 밝히면
천둥은 귀청을 뚫으려고 우짖는다
한 하늘
구름 아래엔
萬
有
兩
論
뿐이다

백중물

찌릿한 장마로 때가죽을 벗었더니
불가마 끓는 물이 속 때마저 익혀낸다
 지옥불
타서 그을린
 노
을
빛
이
 검붉다

삼복 소나기가 한 고방 구슬보다 좋아
목 축인 초목은 하늘바라고 치솟는다
 아귀가
돌아다니다
 우
란
분
에
 탈각한다

달집태우기

포구에 정박한 나룻배에 달집 들어섰다
한나절 닻 내려 세속의 발 다 내려놓고
방
주
에
만인의 소원
비는 대로
싣는다

어둠파도 일렁이자 거화(炬火)로 닻올리고
타들어가는 불길에 복알 익어 나왔다
보
름
달
희망을 담아
솟구쳐서
훤하다

어고(魚鼓)

속세에 갖은 때를 물로서 씻기운다
물에 사는 물고기 비늘 벗어 새롭다
상천에
회귀 하는 것
순례자라
참
배
한
다

하늘 매달린 어고가 바람을 등진다
물 밖이라 숨 쉬는 고통이 더할진대
머리를
조아리는 곳
소리들로
고
백
한
다

오곡백과

8월의 뜨거운 해로 들판이 익어간다
이삭 패면서 밥 굽는 냄새 발밑에 모인다
온 세상
먹이기 위해
지
구
솥
이
끓고 있다

한가위 보름달로 풋과일 둥글어간다
여명에 한여름 밤의 꿈 깨어나서 씨눈 뜨고
가을빛
물들어가는
단
풍
속
에
숨는다

산정에서

산정에 바로 오르니 내 눈이 산의 마음이다
마주치는 눈길마다 산이 비쳐 산사람이고
봉우리
  달려 나아간
    백
      두
    대
  간
한마음이다

산정서 yo-ho하니 내 말이 산울림이다
주고받는 말길마다 산을 불러 산친구이고
골짜기
  터져 내려간
    산
      수
    갑
  산
한소리이다

Good Choice

산들로 울타리치고 흰 구름 방목한
남도에 돌담돌이 별 수만큼 칭얼댄다
　　　적송이
　사계절 지켜
사람체온
　무
　　　변
　　　　　타

반듯한 초석에 아름드리 나무기둥
황토벽에 개와하여 오래된 전통 되살렸다
　　　운산(雲山)에
　수심(修心) 깊어서
진인(眞人)만이
　심
　　　본
　　　　　다

유유상종: 거룩을 위하여

가감에도 변치 않는 청산의 상록수사람들
일언반구도 걸러내어 초록마다 햇살 눈부시다

초면에
알면 알수록
좋은 사람
合
하
고

귀 막아 들을 말 없는 홍산의 활엽수사람들
나목에게 떨어진 단풍잎 삭아야 거름 된다

종국에
알면 알수록
나쁜 사람
別
한
다

큰 바위 얼굴

하늘 아래 고개턱 돌리지 않는 목석이 있다
목곧이로 바라보는 시선 지평선에 가있지만
산
몸
에
계절옷 둘러
이목구비
또렷또렷하다

마주치는 눈매에서 내 맘을 읽어내고
산울림으로 들려주는 비밀의 말 경이롭다
산
얼
굴
표정 감추는
은은함이
너글너글하다

숨은 그림 찾기

늘 보던 산 제자리에 빨딱 서 웅숭깊다
 내 발 바지런히 움직여 산 훑지만
  정중와(井中蛙)
   밖을 몰라서
    뛰어봐야
   산
  품
 이
다

골골마다 물 흐르고 심심(心心)마다 상념 깊다
 철따라 흥하여 풍경이 연이어 달려서
  이생에
   보고픈 것들
    목을 걸면
   나
  타
 날
까

먼동

파란 하늘 흰 구름 맑은 강에 떠 있고
파란 강 흰 물고기 맑은 하늘에서 헤엄친다
햇살이
물에 풀려서
수
채
화
가
다채롭다

흐린 하늘 회색 구름 황토 강에 흘러가고
흐린 강 회색 물고기 먹장 하늘에 숨는다
칠흑이
먹칠을 해도
먼
발
치
서
먼동 튼다

한그루

땅 끝으로 찾아 떠난 귀촌지가 어디인가
뿌리내리지 못한 농심에서 철새가 날아다닌다
휴한지
거두지 못한
무서리 *한(恨)*
빼
곡
하
다

남도에 머물며 삼백리를 돌아보니
가는 곳 발길마다 푹푹 빠져 주저앉는다
한그루
거두어들인
정착민 *흥(興)*
덩
싯
댄
다

제4부
시인의 섬어

시인의 섬어(譫語)

내 꿈은 파란 하늘 뭉게구름으로 피어났고
내 삶은 푸른 호수 잔 파문으로 쓰여졌다
 심장이
  고동치는 동안
   피
   빛
  여
 명
맞았다

내 시작은 블랙홀로 빨려드는 티끌이었고
내 끝은 십자가 박힌 황토에서 석어지리라
 허파에
  마지막 날숨
   소
   리
  말
 꽃
피우리라

고 염감타령

영감 밥 누워 먹고 아들 밥 앉아 먹지만
하루 품의 보살핌에 해와 달 달싹 가깝다
사랑방
할멈의 영감
머
슴
애
로
부린다

서각에 자서(自敍) 한 권 달가워 꽂기까지
불립문자 책잡아 불가해 언어가 춤춘다
서재인
시인의 영감
책
갈
피
에
오른다

낙화암: 세월호 참사에 부쳐

푸른 강이 굽이돌아 역사 속으로 흘러간다
삼천궁녀 댕기머리 물굽이로 화하더니
낙화암
천년세월도
처녀 뺨에
홍
조
다

파란 하늘이 한쪽 눈만 찡긋대며 호령하니
오합지졸 지키지 못한 무력함이 부끄럽다
한나절
숨지 못하는
팔척장신
오
점
이
다

손빨래

풍진을 닦아 낸 빨랫감 털어보니
먼지가 검게 일어나 태산을 먹칠한다
탐욕이
끝닿지 않는
삼악도(三惡道)에
미
친
다

내 손을 더럽힌 일 죄업으로 다가오니
진흙탕에 연꽃처럼 영혼만은 건지리라
손빨래
속죄하는 일
고행으로
잊
는
다

낮은 곳에서 용 날까?

하늘이 무심타고 울타리만 높이다가
인적이 끊어진 폐가가 따로 없다
마천루
뿌리가 깊어
    지
   하
  생
 활
빛 없다

자나 깨나 들숨날숨 들이쉬고 내쉬면서
심산약수 흘러가는 개천을 바라본다
강바다
낮아 멈춰서
승
 천
  만
   이
    남았다

세설(洗舌)

말이 한 상처가 바벨탑 무너뜨린다
갈라진 언어는 다시 붙어 회자하나
 언
필
 칭
가려진 독으로
바른생활
깨
 진다

패스트 푸드 입맛에 재래시장 문 닫는다
시간을 서두르다 수명을 단축하니
 대
장
 금
한류를 타고
오래된 맛
되
 찾자

감출 수 없는 죄: 벌에게 얻은 교훈

급자기 검은말벌이 에워싸며 공격하였다
난생 처음 벌침 맞다니 뭔 잘못 한걸까?

"*하얀* 말
해야 하는디
벌 받아야~
싸제 싸"

이제 막 벌집을 틀기 시작한 터라
예민한 벌들의 경고가 만만찮다

침 발라
모면한 자리
시침떼나
붓
는
다

명랑대첩

적은 수로 막다른 큰 적에 승전하려면
계란으로 바위 치는 *충파*(衝破)론 어렵다

울돌목
정조(停潮) 협수로
바
늘
귀
로
*화*하고,

현자총통으로 분파하는 지술적인 *당파*,
대오를 이탈한 천군만마는 사상누각

일대 십
열세 뒤집은
필
사
의
항
전
*장*하다

인생, 그 시작과 끝

호랑나비 팔랑이자 팔짝 뛰던 강아지가
요동 않는 호탈 앞에선 시무룩이 지나친다
  초심에
 본능적 행각
운명대로
 나
  아
  간
 다

꾸부정한 허리 지팡이로 곧추세운 노인이
아기의 아장걸음 삐뚤다고 야단이다
  허식에
 내딛은 발이
미끌거려
 꼬
  꾸
   라
  진
 다

예수님의 얼굴: 교황 방문의 메시지

동방박사가 별 중에 별에서 찾아낸 성소는
마구간 구유의 갓난이 얼굴이었다
　　초승달
　　입
　가
의
　　웃
　　　음
　　　　함초롬히
　　　　　　피었다

십자가에서 마지막 고통이 몰려올 때
예수님은 세속의 얼굴을 마주하셨다
　　그믐달
　　눈
　가
의
　　수
　　　심
　　　　그늘져서
　　　　　　지웠다

제5부
벼춤

잎과 뿌리의 합창

황금햇살로 뻗디디는 가지 끝의 잎, 잎, 잎
바람이 간지러워 비칠비칠 몸을 틀다
*웃음*이
터져 나와서
잎새소리
살
살
댄다

실루엣 나무그늘에 숨어버린 뿌리들
흙돌에 파묻혀서 가는 세월 흔적 없다
*탄식*에
나이살 늘어
밑동부리
듬
쑥
하다

벼춤

풀잎은 나침반의 극성을 알지 못하여
수직이 일어나 수평으로 눕는다
 도미노
앞만 달려도
 처
  음
 으
로
 돌아온다

성하에 뫔으로 부대끼며 떨어대서
초록에서 황금빛으로 이삭이 팬다
 한가위
고개 구부린
 춤
  사
 위
가
 절정이다

* 뫔: 순 우리 모어인 몸과 맘(마음)을 합성한 조어.

신수렵시대

온 산에들에 가꿔놓은 농작물 익어 가면
차려준 먹이 같아 야생짐승 모아든다
 야찬에
포식한데야
풀
 뿌
  리
   가
    전부다

살기 띤 총잡이 서식지마저 휘저어
산어미를 죽이고 땅새끼를 내몬다
 문명의
신수렵시대
동
 물
  종
   배
    막는다

방생

내 숙소에 찾아온 올망졸망 시골손님들
초면에 낯가리더니 구면에 눈치 살핀다
    사랑방
  가득한 식구
밥
  상
머
  리
    버겁다

자연의 미로에서 길 잃고 왔다지만
하루목숨 연명한들 생태계가 교란이다
    하늘님
  굽어살피사
대
  자
대
  비
    베푸소서

몸 보시

 하늘에서 나왔는지 땅에서 솟았는지
하루에도 셀 수 없이 고놈들이 나온다
 하여간
별 짓을 해도
씨
말
릴
수
없었다

오늘도 모기님이 무턱대고 들이대며
내 몸에 피 한 방울 처절하게 들이킨다
차라리
몸 보시하여
미
륵
불
에
다가설까

로드 킬

사람이 자의로 낸 성난 길 가로지르는 건
한 목숨 내놓고 십자가지는 성스런 일이다
      순교자
    마지막 가는 길
  두
려
  움
    을
      모른다

차량의 가속도가 중력을 넘어서서
우주를 초월한 영혼이 구음(口音)한다
      법정은
    살인 아니라고
  어
거
  지
    로
      발뺌한다

개방울

세설원 깜돌이는 방울 달아 우수웁다
친구 찾아 다가가도 딸랑거려 놀래키나
해로운
짐승 쫓으며
사
왕
천
을
지킨다

머리를 주지 않고 혈통을 뽐내지만
방울가락에 가무 추는 동작마다 고수다
한밤에
달빛을 찾아
종
횡
무
진
내달린다

개가 짖다

동구(洞口) 밖 길손님 발소리 들리기 전에
개 짖는 소리는 첫인사 건네는 말이다

  신호등
꼬리수신호
  불철주야
      동
       작
        중

무학자 마르고 닳도록 말할수록
유식자 불심(不審)으로 계면쩍어 침묵한다

  묵언은
변증의 언어
  불식지공
      수
       행
        중

풀벌레 음악단

한여름 뙤약볕에 참매미 쾅쾅대고
씨르래기 그늘 찾아 쉬엄쉬엄 연주한다
 목석들
  불화음에도
   줄
    기
     차
      게
       듣고 있다

한밤에 귀뚜리 앨토음이 구성지고
베짱이 테너음이 먹먹하게 우렁차다
 별관중
  하늘 박차고
   불
    빛
     으
      로
       환호한다

슈베르트: 미완성의 역설

애초에 시작은 종말을 위한 몸부림이다
음 하나의 이탈 허용 않는 강박에도 불구하고
상상은
논리 허물고
우
연
으
로
개입한다

이악장 진행 중에 소멸되어가는 음표들이
불현듯 지울 수 없는 악상들을 완성한다
현재는
*실존*이기에
감
각
만
이
추궁댄다

제6부
사막살이

가을 하늘새

해눈 파란가슴 하늘새 날고 있다
갈바람에 쏠린 날개의 흰 깃털 가지런한데
부리로
짖지 않아도
핏
빛
단
풍
곡(哭)한다

달눈 검은가슴 하늘새 졸고 있다
가을밤 여문 이슬 별들로 고개 들어도
한 발도
달싹 않아서
황
금
들
판
굳건하다

벌레 먹은 잎: 세월호 어린 희생자들을 추억하며

g
수수한 여린 순 그물맥이 펼쳐졌으면
미세(微細)바람 걸러내어 쾌미했을 심호흡들
흑충(黑蟲)이
지나간 자리
아
릿
한
흔적
휑하다

하늘태생은 값진 희생으로 이생을 이롭게 한다
살아남은 자 슬픔 이상의 기억으로 족쇄 차고
산하에
불쌍한 목숨
저
울
질
말고
살리자

무장해체

고지(枯枝)에서 난사(亂射)되는 도토리총알과 껍질탄피들
사정거리 아랑곳 않는 다람쥐가 전장(戰場) 누비며
가을빛
숨 들이키며
전
리
품
을
묵힌다

해도 반, 달도 반, 한 알이 꽉 차올라서
갈색의 단단함이 어리눅다 깝질 삭인다
외톨로
땅 끝 쏘대다
자
리
잡
아
싹 튼다

용트림 송(松)

여름에 햇빛 덥고 겨울에 바람 추워
말린 잎들이 침처럼 뾰족해져서
허공을
찔러만 대니
천
년
새
어
굳는다

밤낮의 단근질에 가지 뒤틀리어 뻗지만
잎눈, 꽃눈 없는 사철송 까닭 없이 푸르다
솔방울
여물어가도
비
상
하
지
못한다

설봉호수

하늘에서 내린 빛이 백자의 무형(無形) 빛어
산그림자 호수 덮어도 순백이 도드라진다
　　정화수
　고여 있어서
비는 **맘**이
　　　　떠
　　　　　있
　　　　　　다

백자에서 넘치는 맑은 물이 흐르는 호수
은은한 달빛 비춰 돌려주는 잔술인데
　　잉어가
　입질을 해대
술이 익어
　　　　취
　　　　　한
　　　　　　다

너 늙어봤냐

뱃속에서 나왔다면 잠재적 늙은이들~
생일잔치 거듭할수록 초가 늘어 나이난장
四代가
얼굴 맞대니

兒
靑 長
老
한
달
음

겨울새 날아오면 망각의 강 차디차다
새치가 눈발 되어 온 터럭 새하얘지면
치매로
돌아가는 길

五
里 霧
中
얼
음
판

사막살이

사랑의 황금모래 뿔뿔이 흩어져도 쌓인다
사막강 흘러가 사막바다 펼쳐진 곳에
눈 뜨고
흘리는
눈물
오아시스
섬 있다

죽음 건너는 낙타배에 사막파도 밀려닥쳐서
알알이 부서져 내리던 모래시계가 멎는다
중력에
딸려
가버린
무거운 것
넋이다

홀로서기

사람은 부딪치면 상처를 덧내어
나 홀로 섬이 되고 갈매기만 너울댄다
　　　　등대 눈
　　　배를 찾지만
　　폭풍전야
　고
적
타

자연을 마주하면 품어주는 몰아애(沒我愛)
적막강산은 높은 하늘, 낮은 바다를 잇는다
　　　　공산(空山)에
　　　절로 뜨고 지는
　　해와 달도
　홀
로
다

흰 백지 위 검은 물고기

결단코 그물망의 엔딩(ending)에 사로잡혀
흰 백지 위 검은 물고기 떼 지어 첨벙댄다
    단행본(單行本)
  물고기 반이
물 없이도
      숨
     쉰
  다

책장(冊張)을 넘기는 파문(波紋)의 쓸림에 잠기고
서재(書齋)에 꽂혀서 크고 깊은 바다 여행한다
    회귀종(回歸種)
  산종(散種)을 하면
동서고금(東西古今)
          치
         어
       다

단풍 신호등

초록 캔버스에 울긋불긋 단풍붓터치 늘려갈수록
둘러갈 수 있었던 노란 길도 적색 띠면 끊긴다

활엽수
말하고 있는
추
임
새
가
경고(警告)다

엽색등(葉色燈) 모두 진 나목들이 아우성이다
움직일 수 없는 계절체증에 낙엽들이 썩는다

침엽수
나아가라는
방
향
침
이
검푸르다

참겨우살이

그 많던 잎들이 쑥설대던 청음이 사라지자
빈 가지 사이로 연신 들이대는 찬바람만 얼본다
　　　입 하나
　　딸랑 건사한
겨
우
　살
　　　　이
　　　　　　허(虛)하다

내일을 기다리는 청안(靑眼)이 늘어난다
백설(百舌)이 휘어지면 강과 산이 얼부푼다
　　　맹(盲) 아닌
　　숨이 살아서
봄
봄
　봄
　　　　봄
　　　　　　망(望)이다

장암(長巖)

큰 바위는 얼굴로 햇빛가려 그늘 만든다
 무심(無心)한 이목구비로 세월타령 비켜나서
  티끌이
   마주한 자리
    풍수지리
   나
  눈
다

큰 바위는 몸통으로 비바람에 맞선다
 닳아진 사지로 구르지도 못하지만
  묵중(默重)한
   신앙이 솟아
    무사태평
   기
  린
다

제7부
수평선 너머

수평선 너머

무시로 굽이치는 너울날개 날아오른다
멀리 보면 파닥대며 평행선을 긋지만
　　물고기
　지느러미로
　　어기대서
　　　　　　　겹
　　　　　지
　　　른
다

바닷물 파랑파랑 흔들어서 색 퍼뜨려도
수평선 펄렁펄렁 너덜대서 흐려진다
　　갈매기
　섬 찾아가는
　　소리음표
　　　　　　　작
　　　　　아
　　　진
다

천상수(天上水)

오지의 별밤에도 횃불 켜면 참빛 바랜다
발길로 닳아진 땅 풀 줄고 물 마르고
지상의
낮
은
자
리
는
두 발로만
괴덕부린다

은하수 물꼬리가 빗물로 흘러내리니
성수(聖水)의 씻김으로 선한 모습 돌아온다
천상수
직
선
강
하
에
쪼크라지면
임재(臨齋)이다

6. 25: 영과 육의 합일(合一)을 추념하며

총탄과 포탄 녹슬어 골상도 짓무르고
핏물이 말라간 자리 황토층(黃土層)이 또렷하다
육(肉).
이
오
강토에 누워
남북분단
*비명(碑銘)*이다

비탄과 고통 살라버려 철책도 허물어지고
용서로 품어 안은 삼천리가 무궁화(無窮花)다
영(靈).
이
오
역사(役事)로 빚는
통일한류
*현현(顯現)*이다

사랑의 파뿌리

씨앗 밖에서 뿌리 내리지 않고 한 싹도 낼 수 없다
하나의 몸체로 꽃피우기 위해 곧추세우는 극한의 사랑
심연의
 어둠 속으로
착종하여
하
 해
 진
다

음양(陰陽)의 키 자람이 자기로만 향한다면
하지(夏至)의 뙤약볕과 동지(冬至)의 엄동설한
한 하늘
 뿌리로 얽혀
환(換)한 얼굴
내
 어
 놓
자

거북바위: 국망위기를 경계하며

고개 들고 오뚝이마냥 센 바람에도 아랑곳 않지만
 사지를 감추고 있어 꼬리마저 종잡을 수 없다
말 타듯
 산등에 앉아
  백두대간(白頭臺諫)
   말
  이
 없
다

날마다 강과 산을 번갈아 굽어보아서
 수심이 바다건너 홀 갈매기로 떠돈다
먹구름
 몰려오지만
  한산섬에
   장
  수
 없
다

방역지탄(防疫指彈)

하늘나라 새들이 하계(下界)로 내몰렸다
날개 부딪쳐 파닥일수록 육신들이 소멸한다
 살처분(殺處分)
유령 나와서
          조
         류
        독
       감
죄(罪)이고,

사람사이 섬에서 좀비가 돌아다닌다
족적(足跡)이 사라지자 입소문만 무성하다
 격리로
고독해지는
          인
         류
        독
       감
업(業)이다

한해살이

춥고 배고프지 않다면야 누구를 탓할까?
미몽(迷夢)에서 눈뜨면서 일상(一相)에 몸담지만
존재의
울부짖음은
까닭모를
집
착
뿐

오로지 홀로서기 위한 부름이 아니었다면
사지(死地)가 미망(迷妄)으로 미수인생 가려내리라
사철의
변화무쌍만
유전자에
남
을
뿐

회개

내가 아닌 또 다른 나를 바라보는 난처함이여!
녹산(綠山)이 동색이어도 햇살 따라 다채롭다
 하나님,
무지의 먹구름
  무지개로
    거
      두
        소
          서

내가 아는 참나를 용인하는 처량함이여!
백학 깃털 모두 뽑히어 드러난 몸 부끄럽다
 예수님,
속사람의 신성(新性)
  새부대에
    담
      으
        소
          서

하늘덩굴

굵은 소낙비도 썩은 동아줄처럼 하늘가는 길이 아니다
홍수로 물든 강물마저 바다로 멀어져 헤어나지 못한다
　　　역방향
　가누지 못한
불순종을
　탓
　　　한
　　　　　다

순한 햇살 따라 여린 덩굴 일어나 하늘순수 향한다
시계 반대 방향으로 감아 돌수록 한 처음에 가깝다
　　　하나님
　의지한 기댐
온전하게
　강
　　　건
　　　　　하다

모유

하늘의 가슴이 밤으로 돌아눕자
무궁한 별꼭지 지구를 잠재운다
숨 쉬어
갈급한 사람
참
빛
깔
로
샛별 된다

구름의 날갯짓이 사막에서 흩어져도
쉼 없는 바람들이 초목을 달래준다
싹 내어
가물은 대지
생
명
수
로
성화 된다

태풍의 눈

크게 눈뜨고 감지 못해 절로 흘리는 피눈물
먹구름 심장에 번개박동과 천둥맥박소리
      숨소리
  멎지 않아서
주룩~
주룩~
  비
      긋
          기

작게 눈뜨면 실눈 같아 코웃음
주름살 구름에 샐기죽대는 해님
      타액선
  메말라가서
마른
장*마*
  기
      우
          제

살살대다

새아씨 그네 타다 들어난 흰 속곳
꽃 속의 씨방에 벌·나비가 찾았는지
  웃
 음
살
보조개 패여
연지(蓮池)연꽃
  발갛다

아낙네 곳간 열자 텅 빈 쌀책박
외양간의 황소가 널브러져 자고 있는지
  주
 름
살
밭고랑 같아
아지랑이
  잘렸다

□해설

수정(守靜)시의 춤

- 이병용 시집 『守靜詩抄』에 붙여

이영지
문학박사 · 철학박사 · 시조시인

1. 기행에서 얻는 수정(守靜)

한국의 전통시 장르 시조는 적어도 오천년을 이어왔다. 이러한 관계로 하여 한국만의 특유한 뿌리를 갖는 그 대표적인 것이 시조이다. 그 명맥을 이어가는 중요한 자리에 이번 이병용 시인이 시조집 『守靜詩抄』를 등재하였다.

더구나 시조집 제목을 『守靜詩抄』라 하였다. 이 수정시초의 의미는 고요함을 지키기 위하여 시들을 모아놓음이라 이해된다. 그만큼 이번 시집은 고요함을 중요시한다. 수정(守靜)이라면 노자 16장 치허극 수정독(致虛極 守靜篤)을 떠올린다. 마음을 비우기를 극에 닫도록 하고 고요함이 돈독하도록 지켜내면 만물을 아우르게 된다는 것이다. 이러한 노자의 도덕경을 빌리지 않더라도 오직 간택함을 버리는 경지까지 온 이병용 시인은 화려한 이력을 잠시 뒤로하고 기행을 통하여 얻어진 시조집 『守靜詩抄』를 상재하였다. 이 시조집의 가치는 시조 한편에 주로 종장에서 글자 하나하나를 형상화하면서 똑같이 두 번 반복되는 연시조 형태이다. 이로써 21세기의 시조 형상화의 미학을 꿈꾸었다.

시조는 보여주기 문학이다. 형태면에서 그 리듬이 가히 세계적 이론을 가질 수 있는 보편성을 본 필자가 본인의 연구서를 통해 밝힌 바 있듯이 이번 이병용 시조집은 이에 그 첨단적인 이론의 현대시조 정립을 위해 사물에 대한 객관상관물을 의인법으로 형상화하는 회화시로서의 면모를 보여줌으로써 현대 시조이론을 불러일으킬만한 시도를 하였다.

시의 특징은 dancing 문학이라 명명한 홍문표 박사님의 이론대로라면 시조의 dancing이론을 펼칠 수 있는 계기를 마련하여 준 이병용 박사님께 감사하면서 본 해설자는 앞으로서의 시조 연구 과제를 주기에 겸허히 이병용 시인의 이 시조집을 말하고자 한다.

산문과는 달리 시가 가지는 특징은 춤의 형식이 시조에서도 적용된다. 더구나 이병용 박사의 시조는 의태시가 갖는 춤의 형식이 시조 한 편마다 반드시 두 사람이 춤을 추는 의인화로 형상화하였다. 특히 종장에서 아주 섬세하게 시어를 배치하고 초·중장은 그대로 한 점이다.

이병용 시인은 초·중장의 시행을 본 전통대로 유지함으로써 비상이미지를 처음서부터 끝까지 유지한 회화시다. 그런다음 절제된 종장의 중요한 의미를 시어 글자 하나를 변형함으로써 가히 그 의미를 혁신하는 시조 형식의 돌파구를 마련한 중요한 계기가 되고 있다.

더 나아가 일반적으로 기행시는 시집에서 그 위치가 맨 뒤쪽으로 가기 마련인데 담양에서 건진 시들을 맨 처음 1부에 놓아 그 의미의 무게를 두고 있다. 다름 아닌 나그네 인생이라는 이미지를 형상화한 것이다. 원래 이 나그네는 정처 없이 떠돌아다니는 무의미한 사람이 아니라 기독교이론으로서 전도의 의미가 내재함을 본인은 밝힌 바 있다. 한국에서 인구에 회자하는 나그네 인생이라는 말이 무의미의 값어치가 아니라 사람의 중요성과 함께 입, 혹은 시조를 통하여 전하는 메시지 전하는 사람이라는 정의가 된다는 관점이다.

1부에서 11편의 작품을 실었다. 이병용 시인은 이 11편의 11 숫자의미를 통해 마음비우기를 이미지화하는데 10편도 아니고 11편의 11 숫자 상징 즉 1자를 나란히 하여 두 개의 발로 바로 걷는 나그네임을 회화화하는 것부터 시작하여 전(全)편이 한 작품에 두 개의 나란한 의인화의 형상을 만들었다. 그럼으로 하여 나그네 인생은 홀로가 아니라 그 누군가와 같이 하는 다수의 집단의식을 극화한 것이다. 그 대상이 절대자일 수도 있고 사랑하는 사람일 수도 있어서 이러한 관점은 이병용 시인이 선 이미지와 더불어 서게 만들어 주는 신앙적인 점이 첨가되면서 나그네 인생도 살만한 인생임을 제시한다.

살만한 인생은 값어치가 있는 인생이다. 이를 시조 한편 한편마다 객관화 하였다. 이러한 이미지 도입은 시어 배치에서 더욱 구체화된다. 그러기에 이 시조집 해설의 필요성이 역설된다.

많은 시조들 가운데 시조 제일 처음을 「정자에 누워」로 시작하면서 직립상태가 아니라 누워있는 현재를 던지면서 1부의 11편과 정면으로 부응하는 십자상의 형태를 지닌다. 이에 상당히 신앙적 차원이 개입된다.

이러한 객관성으로 하여 살아있는 사람의 동적 기능은 직립 상태인데 「정자에 누워」는 시의 외연으로서의 정적 이미지를 도입함으로써 시가 가지는 은유와 비유와 그리고 상징을 함께 내포한다. 직립의 정반으로 누워있는 것을 시집의 첫 작품의 시작으로 한 누워있는 자세는 가장 편안한 자세이며 제목이 주는 수정(守靜)이라는 고요의 마음이 얼마나 중요함을 제시한다.

이병용 시인의 「정자에 누워」는 장자의 산목편 뿐만 아니라 우리나라 이상의 시제 5호에서 보이는 절대의 피신처를 찾아 나선 이미지와 같다. 이병용 시인은 정자라는 집 안에 누워있다. 아니 이병용 시인은 그의 몸을 담양 정자에 누였다. 누운 것이 아니라 자신을 의지적으로 누인 것이다.

이러한 일의 흔적을 남기기 위해 이 시인은 자신의 강한 의지로 시조작품 「정자에 누워」를 지었다. 그

내용은 하늘의 그 광활한 곳에 자신이 들어갈 여지가 없다는 내용이다. 시조 문맥으로만 보면 정자에 누운 상태와 일치한다. 이러한 제목과 내용의 일치로 하는 시인의 의도적 심상은 이와는 정반이 되는 시적 형상화 즉 그림형태의 글자를 써야 하는 이유가 나변에 있게 한다.

바로 이병용 시인의 눈이 하늘을 본다. 시는 보여주기 문학이다. 그런데 그 시선이 땅을 보는 것이 아니라 하늘을 본다. 그럼에도 하늘에 이병용 시인이 들어갈 여지가 없다는 지극히 낮은 상태의 의미리듬이 되었다. 여기에 이 시집이 주는 시조 종장의 시어위치 필요성이 존재한다. 이병용 시인이 시 '정자에 누워' 작품 시어 배열 위치는 두 날개를 활짝 펴고 비상하는 형태이다. 비행하는 비행기, 아니 날아가는 모든 새들의 모양이 된 두 날개와 두 다리가 힘껏 비상한다. 하늘을 날고 있다. 이로써 이 병용 시인은 마음을 비우고 자신을 정자에 누인 고요한 마음의 날개를 달았다.

정자에 소자(小子)로 누워 하늘을 바라보니
흰 구름 세계지도 내 갈 곳 정해진다
방랑자
사지를 펴니
움쭉움쭉
힘
 솟
  는

다

네 발로 딱 버틴 정자마(馬)에 올랐어도
사방이 탁 트여 광야에 전가(全家) 없다
나 홀로
땅 끝 찾지만
하늘구석
여
지
없
다

– 「정자에 누워」 전문

시인의 마음을 보여준 「정자에 누워」는 성공이다. 이제 비행은 시작되었다. 의식적으로 찾아간 담양기행은 절망하면서 인생이, 아니 이병용 시인이 산야에 숨어 버리는 것이 아니라 하늘높이 비행하는 시인의 내면이 작품의 글자위치로서 의인화된 형상의 회화 시조임을 보여준 것이다.

이로 하여 그림글자 형상화의 성공이 시작된 것이다. 마음의 고요를 지켜야 하는, 사수해야 하는 이유는 비상에 있다.

방랑자
사지를 펴니
움쭉움쭉
힘

솟
는
다

사지를 펴니 움쭉움쭉 힘 솟는다는 것이다. 이러한 비상은 두 번의 리듬을 타는데 첫 번째는 “움쭉움쭉 힘솟는다”이고 두 번째는 “사지를 펴니”이다. 이에 시적 은유는 사지가 사지(四肢)와 사지(死地)의 모호성과 애매성이 주는 시적 특징을 살리면서 독자의 상상에 맡기는 절대평가로 돌린다. 어느 의미이든 죽음의 땅이거나 팔과 다리를 움직이거나 모두 동적 이미지이다.

바로 서거나 달리지 않으면서 정자에 누워 있어 유폐된 것과 다름없는 절망에서 시인이 건진 것은 시인이 결심한 이상을 펼칠 수 있다이다. 이러한 기호화의 리듬은 두 번의 같은 리듬을 타면서 그 반복성의 이유를 반복은 절망을 넘어서는 지름길임을 예시한다.

반복리듬의 정의는 머무름이거나 혼자가 아니다. 바로 두 번의 리듬이 사실 성경연구자로서는 성경 전체에 흐르는 리듬으로 보이기 때문이다. 첫 번째 아담이 아니라 두 번째 예수님을 드러내기 위해 성경은 그야말로 필사적인 사수를 하고 있다.

또한 이 두 번의 리듬을 이병용 시인은 초장과 중장에서 어떤 글자로 기호화하지는 않았다. 그럼에도 초·중장이라는 두 번의 의미를 극히 강조하여 이 세상의 보편적 진리를 외면하지 않으면서 동시에 종장에서 기호화의 리듬은 시조집 전편에서 똑 같은 회화성이 드러나지 않는다. 절망적인 내용일수록 이 비상은 오히려 시어의 기호화로 비상한다.

이러한 이병용 시인의 기호화는 더 해설이 필요 없을 만큼 절대화된다. 시장에 나온 할머니의 푸성귀 파는 모습이 삶을 잔뜩 머리에 인 모습이지만 그리고 비틀거리는 모습임을 형상화하면서 오히려 리듬 기호화의 형상을 통하여 한국여인상의 대표가 되는 씩씩하게 삶을 걸어가는 모습을 기호글자화 하였다.

하루의 좌판에 푸성귀가 시득시득
장보는 발걸음 한나절 맴맴 도니
할머니
주름위에로
 민
달
 팽
  이
걸어간다

솔솔한 홍정으로 동전이 짤랑거리고
술판에 길어진 입담 시간을 좀먹는다
주머니
지폐 깝살려
 집
달
 팽

이
달아난다

– 「달팽이시장」

여인이 한 가정의 삶을 도맡아 이어가야 하는 이야기가 있는 시조작품을 휘청거리는 이미지로 비뚤하게 놓아 형상화하였다. 동일하게 '집'과 '민' 글자가 옆으로 휘청거리면서 이 이미지를 내용과 형식의 동일리듬으로 하였다. 그러나 이러한 가난이 그녀를 짓누를 수 없다. 어려운 삶을 잘 걸어가는 여인의 씩씩한 모습이 머리에 무거운 것을 이고도 잘 걸어가고 있는 글자기호화로 일직선의 글자이다. 글자도 '걸어간다'가 똑같이 2회 리듬을 이룬다. 이럼으로 하여 이병용 시인의 이미지기호화 시도는 성공하기 시작한다.

비록 다리가 접히고 꿈결중이어도 결코 정신만은 놓을 수 없는 의인법의 보여주기 시조이다. 그러기에 이 시인은 「몽한각」 시를 통하여 머리에 날개를 달고 있는 그리고 엉거주춤 꿇어 엎드린 각성을 보인다. 제목이 주는 마음의 고요로움을 지키기 위한 사수의 정진이다.

이른 새벽 기차 타고 땅 끝 만큼 떠났기에
부모님 생시언(生時言)이 무시로 가칫댄다
몽한각
풍경에 뜨던
청운의 뜻

새
　롭
　　다

동창이 밝아도 개안(開眼)이 미력이니
소년의 귀밑엔 흰머리 무성하다
귀거래
뿌리는 씨앗
다음 생에
거
　둘
　　까
　　　?

-「몽한각(夢漢閣)」

이병용 시조의 특징은 어느 한 구절만을 이용할 수 없도록 철저히 기호와의 절대를 추구하여 전문이 시조 한편의 전문으로 요구된다. 그만큼 이병용 시인이 후반기의 집단각성의 메시지를 전해야 하는 문학(聞學)이다. 대중의 소리를 들어야 하는 이유는 그 안에 진리가 있기 때문이다. 왜냐하면 글자기호화 시가 다를지라도 동일리듬이 계속 반복되기 때문이다. 이러한 각성은 실제 기행의 삶에 있으면서도 더욱더 정신이 맑아짐을 시로 기호화하여 세속을 버린 것이 아니라 세속속에서 고요를 찾아야 하는 지성을 대변한다.

그러기에 「풍암정」에서는 풍광을 보면서 머무르는 것이 아니라 몸은 풍광에 취하면서도 발은 앞서 나가고 있다. 결코 정체가 아닌 앞으로 나아감이다. 그럼으로 하여 「무월(憮月)마을의 난생(卵生)신화」에서도 "알 깰 때/ 집 들썩해서" …"은빛 파란 멈출 수 없다"는 것이다. 언어기호화를 직립으로 하여 직립의 자아를 드러낸다. 이 시어는 '한 늘 님' 이다. 이러한 유일한 심상이미지는 님을 향한 마음의 변하지 않음을 드러낸다. 결코 님을 떠나서는 살 수 없고 시를 지을 수 없는 서정시인 마음의 감성을 지닌 시인으로서의 삶이다. 님은 한용운을 비롯해서 우리나라 전반에 흐르는 서정적 주체이다.

동시에 본인 자신도 되는 님은「죽녹원」시조를 통하여 대피리와 이 시인과를 동일시한다. 찾아낸 나의 모습이다. 쉬지 않고 불어 잎새를 춤추게 한다. 언어기호화의 절정은 산천초목이 춤추는 모습을 "*산천(山川)… 초목(草木)*악기"로 한다. 정작 시조 문귀는 "왜 쳐 댈 말 무얼까"?하고 묻지만 글자기호화를 통하여 마음의 청명을 그리고 대나무처럼 곧은 학자 자신을 대신한다. 이번에는「식영정」시조에서도 수백 년 된 적송소나무 용트림 위에 올라앉는 자신을 투영한다. 그리하여 도달한 곳은 물소리조차 없는 물이 있는「소쇄원」이다. 땅을 흐르는 물이 흐르면서 소리조차 없다.

여기에 균형리듬이 있다. "높낮이, 좌우폭과 무관하게 등속(等速)이어서/ 막힘없이 흘러 낮추는 순한 물이 소리 없다"까지 왔다. 물의 소리 없음 경지의 고요로움 그것은 이 시인이 서두에서 본인의 말을 통하여 추구하는 인생 후반기의 목표이다. 모나지 않음까지 왔기에 시어의 기호화도 모나지 않고 있다.

2. 그리움 영역

제2부 연리지는 이미지의 시이다. 보여주기 시이다. 이 시인이 보여주는 그리움은 경험이 투영된 아련한 사랑의 즐거움을 낚는다. 오욕칠정의 감각적 경험에서 오는 촉각 이미지 간지럼의 경험이 갖는 행복감을 이병용 시인은 목백일홍에서 몸의 감촉경험으로 절대화한다.

이 시인은 사랑의 목소리를 듣는다. 무얼 말하려고 하는지를 간지럼으로 듣는다. 그러기 위해 시는 언학(言學)이 아니라 문학(聞學)으로 정립화 하려한다. 바로 「목백일홍」이 소리내는 보여준 사랑의 음성을 듣는다. 그 간지러움의 달콤함 소리를 글자그림으로 두 개의 쌍으로 기호화하였다.

백일동안 뙤약볕에 달구어진 불덩어리
 풀무질 바람결에 열꽃들 흩어진다
  담금질
   눈에 아롱진
    새악시 볼
   붉
  었
다

뒤틀린 가지 사이로 뚫어보는 풍경들
 잎새들 그늘에는 간지럼이 와있다
  그림자
   색을 몰라서
    무심한 맘
   야
  속
 타

– 「목백일홍」

마름모꼴의 두 기호화 시조작품을 통해 간지럼타는 그 황홀의 경지를 둘의 배가 쑤욱 들어가 웃는 소리의 문학(聞學) 이론으로 보여준다. 이병용 시인의 그리움 세계는 먼저 기행시초에서 보여주던 자아의식의 각성이 아니다. 웃음이다. 한들거림이다. 춤춤이다.

두 나무이지만 한 나무가 되어 있다. 사랑하는 이의 소리 내는 향기를 듣고 있다. 그리운 이에게서 나는 향기를 듣는다. 그리움이 향기가 나는 것은 2부를 '연리지'로 하면서 들려준다. 이병용 시인의 그리움 연리지 시학은 첫사랑의 매혹적인 유혹에 머무는 시인의 황홀함과, 신선함, 그리고 새로운 경험이 주는 그 신비의 소리를 듣는 경험 때문이다. 남녀 간의 첫사랑 경험뿐만이 아니라 가장 처음의 것, 처음으로 경험한 것에 대한 설렘이 수반된다. 바로 하늘로부터 받은 거대한 진리에 대한 그리움이다.

그리움을 가진 것에 대한 황홀감을 가슴을 뒤로 팍

젖히고 엉덩이를 뒤로 내미는 시조 형상화이다. 바로 그것은 왕자와 공주와의 관계이다.

등빛 새는 유리창에 딱 달라붙은 야래자(夜來者)
꼭 이맘때면 기어 올라와 눈높이에 다다른다
  정수리
 씩은 땀 훔치며
큰 눈 뜨고
 살
   핀
     다

눈 맞자 멈춰 선 사지가 오므라들고
이목구비 들켜버려 박제 되어 굳었다
  아뿔싸
 개구리왕자
공주님을
 찾
   구
     나
       ?

— 「뭐꼬」

왕자는 왜 공주님을 찾을까? 왜들 서로 그리워하며 찾아오는 야래자(夜來者)!일까? 이 시조에서 그리움의 정의를 개구리 왕자와 공주님으로 한 해학성은 이병용 시인의 시조가 한국만의 전통위에서 논의되어야 한다는 명분이다. 한국문학의 주된 특징은 해학성이다. 풍자성과는 엄연히 구별되는 홍부가를 비롯

한 긍정적인 웃음으로 자기를 긍정하고 발견하여 자기가 웃는 경지까지 가는 경이로움이다.

사랑이 그립다느니 외롭다느니 하는 보편적 시조 작품 대신에 밤마다 찾아오는 개구리 왕자라는 주인공의 시어의 신선함을 통하여 눈이 툭 불거진 즉, 그리움으로 눈이 튀어져 나온 개구리 형상화의 그림으로 하여 그리움의 해학성이 긍정적인 웃음으로 드러난다. 더구나 시조글자 위치가 눈 맞음과 이목구비의 보고 싶음에 눈이 날개를 달고 형상화된다. 왼쪽 갈빗대 위치가 쑤욱 들어간 형상화를 통하여 성경이 말하는 갈비뼈 하나를 이브에게 나누어 주어 짝을 만든 경지까지 가고 있다.

이러한 해학성은 시인 자신의 유한함을 긍정하고 유한한 것을 통해서 무한한 것을 얻으려는 높은 차원에 와있다. 이러한 자신을 높이는 일은 남자, 특히 남성이 하나님 형상으로 성부와 성자와 성령 셋인 거룩한 하나님의 형상으로 만들어진 이병용 시인 자신을 높임이다. 왜냐하면 사람을 만드실 때 하나님이 하나님의 형상으로 사람을 만들어 준 시인의 소중함 때문이다.

너무 어둡거나 외로움 타령으로 일색된 시조의 기법을 이제는 현대에 맞게 옮겨야 하는 사수(死守)의 수정(守靜)이다. 고요오름을 지키되 정지된 상태가 아니라 동적인 차원 높은 감성을 지닌 지성인의 고독이기 위한 시조문장의 기호화인 현대시조의 새로운 시작법이다. 기호화된 시조작품 또한 그리움이 형상화되어 보고 싶음의 여성화자 공주의 글자가 앞으로 눈 위치까지 동일하게 형상화되었다. 해학성의 시조이다.

이병용 시인의 이번 시집에는 전남 담양의 '글 낳는 집'과 경기도 이천의 '부악문원'에서 생활하면서 체득한 해학성이 있다. 사랑을 개구리 왕자와 공주님으로 객관화 하였다. 더 나아가 고요를 지키는 경지는 이제 해와 달과 별의 삼자의 우리 사이가 되었다. 원래는 너무 외로워서 하나님이 남자의 갈비뼈를 뽑아 만든 아담과 이브, 그리고 왕자와 공주 사이지만 담양기행과 부악문원을 통해서 진리를 인식하고 배워서 이끌어 사랑조차 다스릴 줄 아는 해와 달과 별을 셋의 우리 사이로 하고 있다.

공주는 별 그대이다.

> 별별별별 상상으로 그려왔던 그대의 초상
> 하늘과 땅에 미소만이 범접하는 자태로
> 별꼬리
> 실을 남기고
>   미궁으로
>   사
>   라
> 진
> 다
>
> 점점점점 잇기만 해도 당신만이 떠올라서
> 해와 달로 세시 바꿔 태허자리 훑어본다
> 어둠 속

우리 사이에
눈빛만이
스
치
운
다

-「별 그대」

그리움의 세계는 눈빛에서 일어나는 원동력을 가진다. 보고 싶음 그것이다. 보여주는 별 그대가 보고 싶은 것은 남자인 이병용 시인의 기억을 기록해 줄 녹명인자(錄名因子) 여자이어서이다. 바로 하늘을 반짝이게 해 주는 그대여서이다. 바로 이병용 시인을 반짝이게 해 줄 별 그대이어서이다. 이러하기에 늘 사랑하는 별에게로 눈이 간다.

왜 그대가 그리울까? 나를 전해주기 때문이다. 성경에서는 갈빗대 '대신'으로 들어앉은 것이 복음이나 여성이 그리운 것은 나를 알려줄 복음, 나를 전해주는 말 때문이다. 학자 브라트시오티스(Bratsiotis, N. P)[1]는 복음이라 한 이 여성이 별이 되고 그립고 보고싶고 한다하였다. 나를 알려주기 때문이다. 나의 씨를 낳고 죽어주는 그대가 알콩달콩 「홰치는 기도」 수탉과 암탉이 되어 꼭이요 만나야 할 그리움이다. 이병용 시인에게 "꼭이요"하면서 들려준다.

드디어는 시조작품「상사화」의 열정으로 꽂히는

1) Bratsiotis, N. P,"בשר," *TDOT* II, 317-332.,

글자모형을 직립으로 한다. 그러기에 시조 「연리지」 작품에서 한 하늘을 이룬다. 정말로 한 쌍이 그리운 것을 성경은 그리움은 남자의 갈빗대를 뽑아 그의 여자를 만든 혈연관계로 한다.

바로 내가 그리운 것이다. 나를 찾기다. 고요를 찾기다. 그리고 이 고요를 지키기 위해서 시를 쓴다. 시를 모은다. 바로 이병용 시인의 시집 『守靜詩抄』이다.

3. 나를 찾아

이병용 시인은 나를 찾기 위해 숨은 그림 찾기부터 시작한다. 숨은 그림 찾기는 바로 시조가 지닌 은유가 된다. 뛰어 넘기이다. 훌륭한 시인이 걸어온 길은 어려운 상황, 즉 시조의 사활화가 거론될 수 있는 전통시의 명맥 유지를 위해 시조시의 글자위치의 회화화를 시도하였다. '숨은 그림 찾기'를 이병용 시인은 서문에서 주목 할 만 한 것은 이 시집을 기점으로 시조의 특성이 틀을 지키되 그 틀에 대한 새로운 완연한 시적 모티브를 형태주의로 바꾸고 있다는 점이다. 일찍이 이상이 그의 시 「오감도」를 통하여 그 비밀한 시의 관문을 통과하였듯이 이병용 시인 역시 이번 시조집을 통하여 새로운 시조적 현대의 틀을 보여주려 한다.

이병용은 이 시조집에서 시조의 새로운 가능성을

열 형상화로 시조의 민속사적 경지의 입문서를 '짧은' 지식이 아닌 '긴' 삶을 새롭게 재구성할 수 있는 창조적 집단지성의 지식이 되어야만 한다 했다. 그러기에 이병용 시인은 시조의 혁신을 위해 사문(死文)을 버리고 긴 고통이 말하여 주려고 하는 숨은 그림 찾기에 과감히 나서고 있다.

이제 그 실행의 차례로 왜 그토록 가뭄이 계속되고 장마가 계속되고 큰 바위 얼굴이 되어야 하는 지를 시조 창작 작품을 통해 보이고 있다. 바로 시조작품 「마른장마」에서 소재를 지열을 삭힐 먹구름으로 한다. 비 올 징조의 '먹구름' 시어로 그리고 먹구름이 몰려오는 형상을 시조문장 기호화로 한다. 「소낙비」에서는 메말라버린 감성에 비가 이 시인 몸을 적셔줄 고마움으로 스며드는 형상의 기호화를 택한다. 「달집 태우기」에서는 마음속에 들어있는 예술혼이 활활 불타오르는 마음을 형상화한다. 「오곡백과」에서는 모두에게 먹이기 위해서는 땡볕이 하는 일을 알아야 하기에 벼이삭을 통해 의미를 고개 숙인 벼이삭의 모습을 형상화 한다. 이리하여 이 시인은 천지만물의 자연이치를 그대로 된 것이 하나도 없는 조물주의 깊은 뜻을 헤아린다.

숨은 그림을 찾아낸 이병용 시인은 산 속 그 깊디 깊은 계곡과 울창한 삼림 속을 걷는다. 심호흡을 하고 큰 바위얼굴이 되어 간다. 진리는 결코 방황이 아닌 한 곳을 꿋꿋이 지키는 시조시인의 자리에서 이루어지는 일임을, 그래서 오늘 이러한 기호화의 시조

작품을 시도하며 걸어가는 발자국 모습을 시조시어로 점점히 놓아 형상화한다.

늘 보던 산 제자리에 빨딱 서 웅숭깊다
 내 발 바지런히 움직여 산 훑지만
  정중와(井中蛙)
   밖을 몰라서
    뛰어봐야
   산
  품
 이
다

골골마다 물 흐르고 심심(心心)마다 상념 깊다
 철따라 홍하여 풍경이 연이어 달려서
  이생에
   보고픈 것들
    목을 걸면
   나
  타
 날
까

- 「숨은 그림 찾기」

시조 「숨은 그림찾기」를 통해 찾아낸 것은 하고 싶은 마음의 일 곧 100세 시대에 걸맞는 집단 사유의 깃발을 든 기호화이다. 이 깃발을 들고 걷는 일이다. 깃발을 들고 보고 싶은 일을 귀로 들으며 보는 일이다. 그 방법은 자연의 소리를 듣는 일이다.

이제 이병용 시인에게 다가온 행운은 「먼동」이 트는 일이다.

파란 하늘 흰 구름 맑은 강에 떠 있고
파란 강 흰 물고기 맑은 하늘에서 헤엄친다
햇살이
물에 풀려서
수
채
화
가
다채롭다

흐린 하늘 회색 구름 황토 강에 흘러가고
흐린 강 회색 물고기 먹장 하늘에 숨는다
칠흑이
먹칠을 해도
먼
발
치
서
먼동 튼다

– 「먼동」

다시 말하면 이병용 시인은 이제 나는 "더 이상 침을 뱉는 '시인'이 아니라 침을 삼키는 '선인'이 되어야 한다"라는 각오이다. 이병용 시인은 자신에게로 더 깊숙이 들어가 제4부 '시인의 섬어'작품에서 이웃의 처절한 아픔이나 일상생활의 소소함에 이르기까지 감성을 집어넣는다. 「시인의 섬어」를 통해 '나의 이야기'는 구원을 향한 발돋음임을 고백한다. 시조 「숨은 그림찾기」에서 찾았던 이 시인의 깃발을 이제 당당히 들고 걷는 형상이 기호화된다. 그것은 다름 아닌 "내 꿈은 파란 하늘 뭉게구름으로 피어났고/ 내 삶은 푸른 호수 잔 파문으로 쓰여졌다"는 것이다. "허파에/ 마지막 날숨/ 소 리 말 꽃/ 피우리라"는 의지력으로 단호한 남은 생애를 걸겠다는 것이다. 그것은 「세설」의 삶을 살겠다는 것이다. 이처럼 이 시인의 섬어는 지극히 바른 자세로 돌아왔음을 시조작품 글자로 형상화하면서 고요로움을 지키고 있다.

서두르지 아니하고 바른생활로 듣는 귀의 창작활동을 하겠다는 것이다.「감출 수 없는 죄」와 「명랑대첩」에서 명랑대첩을 전해들은 귀로 바로서려는 시조작품으로 형상화한다. 그러자 「예수님의 얼굴」이 보인다. 절대자가 숨겨두었던 형상을 보여주면서 시인은 그분이 들려주는 은혜 앞에서 덴싱 춤추기가 더욱 아름다워진다. 시인은 고요의 마음으로 춤춘다. 그래서 제5부 '벼춤'에서 절대자가 만든 자연물에 대한 경이와 이와 함께 어울려 춤을 추는 이병용 시인의 세계가 펼쳐진다. 감동하여 자신도 모르게 춤을 추는 이병용 시인은 언어를 춤으로 시각화하였다. 기쁨의 한 곳에서 덩실덩실 빙글빙글 돌아간다. 이 시인은 글자그림으로 춤을 춘다.

고요로운 마음을 얻으니 천하를 얻은 기분이고 이 기분은 시가 고요로워 지면서 추는 춤이 꽃모양을 이룬다. 한 송이 꽃으로 시각화 된 「잎과 뿌리의 합창」에서 황금햇살의 은혜로 얻는 뿌리 깊음과 잎의 춤이 펼쳐진다. 「벼춤」에서는 황금이삭으로 변한 이 시인의 감격이 1부에서 전개되었던 각성의 깊이와 동일시된다. 자아를 찾은 고요의 평정이 모든 것을 깨닫고 난 뒤에 오는 고요로 조용히 그러나 황금벼 이삭을 이고서 춤을 춘다.

성하에 뫔으로 부대끼며 떨어대서
초록에서 황금빛으로 이삭이 팬다
 한가위
고개 구부린
 춤
  사
 위
가
 절정이다

* 뫔: 순 우리 모어인 몸과 맘(마음)을 합성한 조어.

– 「벼 춤」에서

이제 그 깊은 자연의 섭리로 돌아와 「신수렵시대」에 들어 고요를 지키며 같이 「방생」하며 어울린다. 이 어울림은 거의 온 원을 다 이루는 시각화로 한다. 원에 접근하는 「로드 킬」에서 고요를 지키는 어울림이로 「사막살이」 인생을 살아가는 도구가 되었다.

흔히 인생은 고해라고 하는데 이병용 시인은 인생

을 사막살이라고 하였다. 이러한 7부의 어두운 이야기임에도 불구하고 여전히 시조의 회화화를 2회 리듬으로 하여 아름다운 리듬 놓기를 계속하고 있다. 더욱이 「가을 하늘새」에서 시인은 그 숨막힘의 세계를 다스리는 조용한 마음으로 고요에 머무른다. 사람의 생명을 주신 분이 있다는, 가깝게는 부모에게 물려받은 내 몸이 그분의 귀한 첫사랑을 받으며 자라 하늘을 우러르게 됨을 감사한다. 하나님의 형상대로 된 아주 귀한 존재 이병용 시인은「가을 하늘새」시조를 통하여 선인이 되어 있다. 이 시인이 추구하는 리듬은 황금들판이 굳건하다의 표현으로 은유한다. 집단의식을 추구하는 시조에의 희망은 힘으로 받쳐 들 수 없는 현실을 공굴리기식의 가벼움으로 머리에 이려 한다. 이 방법으로 어울림과 그리고 귀를 열어 세상의 소리를 들으며 아름다운 조물주가 들려주는 들녘의 황금들판을 바라본다.

해눈 파란가슴 하늘새 날고 있다
갈바람에 쏠린 날개의 흰 깃털 가지런한데
 부리로
짖지 않아도
   핏
 빛
 단
풍
곡(哭)한다

달눈 검은가슴 하늘새 졸고 있다
가을밤 여문 이슬 별들로 고개 들어도
 한 발도
달싹 않아서
   황
 금
 들
판
굳건하다

–「가을 하늘새」

황금들판은 굳건하다. 이 믿음에서 여유롭게 설봉호수를 돌며 여유로움을 만끽한다.

하늘에서 내린 빛이 백자의 무형(無形) 빛어
산그림자 호수 덮어도 순백이 도드라진다
     정화수
  고여 있어서
비는 맘이
        떠
            있
               다

백자에서 넘치는 맑은 물이 흐르는 호수
은은한 달빛 비춰 돌려주는 잔술인데
     잉어가
  입질을 해대
술이 익어
        취
            한

다

-「설봉호수」

주어진 사막살이의 삶에서 얻어진 눈물호수를 만든다. 눈물은 가장 순수하다.

사랑의 황금모래 뿔뿔이 흩어져도 쌓인다
사막강 흘러가 사막바다 펼쳐진 곳에
눈 뜨고
흘리는
눈물
오아시스
섬 있다

죽음 건너는 낙타배에 사막파도 밀려닥쳐서
알알이 부서져 내리던 모래시계가 멎는다
중력에
딸려
가버린
무거운 것
넋이다

-「사막살이」

그러기에 수평선 너머로 시선을 돌린다. 그곳에 있는 오아시스를 향하여 7부를 연다. 제7부 '수평선 너머'를 향하는 시인의 눈물에는 아픈 과거의 역사가 있어서이다. 그러나 하늘을 바라보면서 보다 나은 내일이 고요롭게 있다. 그것은 다름 아닌 이병용 시인이 굳이 7부로 하여야 하는 이유와 눈물과의 연관성이 있다.

대중인식의 대변자로서 눈물을 씻어낼 절대자에 대한 신앙심을 가짐으로서 마음의 고요를 얻고 이로 하여 그 상징성으로서 신성수치인 보편적 진리의 7자를 회화시로서 구성한다. 이러한 7자 회화시조는 몇 번의 시도를 거쳐 뚜렷한 7자 구성을 하면서 눈물겨운 영원성에 대한 학자로서의 지성과 시조시인으로서의 감성을 합한 바램을 얻는다. 눈물이던 아픈 나라의 과거역사와 현실의 애국지심에서 우러나온 거의 신앙영웅적인 면모로서의 눈물 흘림은 감성을 가진 시조시인이 걷는 길에 늘 있다. 그러나 이 눈물은 바로 가장 감성적인 시인의 모습이며 시조작품을 회화시로서 드러내고자 한 노력이다. 한국의 전통시미를 위해서이다. 이것만으로도 생애의 뚜렷한 목표는 값어치가 있다.

춥고 배고프지 않다면야 누구를 탓할까?
미몽(迷夢)에서 눈뜨면서 일상(一相)에 몸담지만
존재의
울부짖음은
까닭모를
집
착
뿐

오로지 홀로서기 위한 부름이 아니었다면
사지(死地)가 미망(迷妄)으로 미수인생 가려내리라

사철의
변화무쌍만
유전자에
남
을
뿐

-「한해살이」

내가 아닌 또 다른 나를 바라보는 난처함이여!
녹산(綠山)이 동색이어도 햇살 따라 다채롭다
하나님,
무지의 먹구름
무지개로
거
두
소
서

내가 아는 참나를 용인하는 처량함이여!
백학 깃털 모두 뽑히어 드러난 몸 부끄럽다
예수님,
속사람의 신성(新性)
새부대에
담
으
소
서

-「회개」

아울러 우리나라의 아픈 과거역사와 현실성에서의 염원이 엮인 애국지심에서 우러나온 신앙영웅적인 면모가 드러난다. 시인으로서의 감성의 눈물이다.

그리움의 무게는 이 시인의 삶에서 한 걸음 더 나아가 가치를 부여하는 공동의식의 그분을 향한다. 이로하여 혼자만의 고민과 슬픔과 아련한 추억이 아니라 같이 어우러져서 들으며 그 듣는 이야기를 전하는 사명자로의 하루살이를 살아가야할 자에게 길이 열려진다. 열린 시조시학이다.

마지막으로 이 시인에게 가장 처음사랑을 주셨던 그분에게 들은 아름다운 사랑을 내 것으로 익혀 살찌우기 위해 시조의 기호화를 꿈꾸는 분에게 은혜가 있으시기를 기원하는 바이다.

한국창조문학대표시인선·238

守靜詩抄

2015년 10월 15일 초판 인쇄
2015년 10월 20일 초판 발행
저 자 이 병 용
발행인 신 용 호
발행처 창조문학사
서울 서대문구가좌로 86 동천아카데미5층

등록번호 제1-263호
전화 02 - 374 - 9011 FAX 374-5217
이메일: hmpo@hanmail.net

공급처: 한국출판협동조합 전화 716-5616~9

ISBN 978-89-7734-459-4
정가 10,000원